De hija a madre,
de madre a hija

1.ª edición: marzo de 2025
4.ª edición: mayo de 2026

c/ Almagro 25, ppal. dcha.
28010 Madrid
Tel.: + 34 91 355 57 20
www.siruela.com
ISBN: 978-84-10415-27-0
Depósito legal: M-27.090-2024
Impreso en Anzos
Printed and made in Spain

Papel 100% procedente de bosques gestionados
de acuerdo con criterios de sostenibilidad

Carmen Martín Gaite

DE HIJA A MADRE
«De su ventana a la mía»

DE MADRE A HIJA
«El otoño de Poughkeepsie»

Edición y prólogo
de José Teruel

Siruela

Biblioteca de Ensayo 88 (serie menor)

Índice

Prólogo

Carmiña y Calila,
nombres por los que la llamaban

Carmen Martín Gaite manifestó en su vida una fuerte aversión a los letreros, del mismo modo que su pensamiento narrativo huyó de la enconada tendencia de la preceptiva literaria a segregar netamente unos géneros de otros. Este cruce de modalidades literarias, que se dejan tratar cada vez menos por separado, desembocará en una aleación última: la convivencia entre la escritura del yo y la ficción, que percibimos como clave de bóveda de toda su obra. La coexistencia entre lo personal y el artilugio literario es la esencia estilística y retórica de un uso del lenguaje llamado Carmen Martín Gaite y se sostiene con un particular pulso narrativo en «De su ventana a la mía» (1982) y «El otoño de Poughkeepsie» (1985). Dos textos breves, intensos y dispersos —quizá por esto último no suficientemente conocidos— y que editamos por primera vez juntos, y en un mismo volumen, ya que en ellos conviven, con perfecta sintonía y destreza, la experiencia del vínculo y la pérdida, el diario íntimo y la fabulación, la realidad y el sonambulismo, así como su dimensión de hija y madre. Y si seguimos añadiendo convergencias: ambas meditaciones están datadas desde la distancia de Nueva York y en fechas muy próximas al fallecimiento de las dos mujeres más importantes en la vida de la escritora: su madre y su hija. Además, por su fuerza emotiva quizá sean los títulos más logrados en su obra de cómo la intimidad en bruto no se entiende, si no se destila con el filtro del sueño o del cuento: «No se dice lo secreto, se cuenta», anota en uno de sus *Cuadernos de todo* Carmiña o Calila, que eran los nombres por los que su madre o su hija la llamaban.

«De su ventana a la mía»

Entre Carmiña y su madre, María Gaite Veloso (Orense, 1894-Madrid, 1978), hubo siempre una honda conexión de complicidad, de códigos compartidos. Su madre le enseñó a coser y, como en los cuentos de hadas, le daba siempre un consejo primordial a la hora de emprender la tarea de la costura: el de armarse de paciencia. Coser era cuestión de ponerse en disposición. El secreto estaba en no tener prisa «y en atender a cada puntada como si esa que das fuera la cosa más importante de tu vida», leemos en «De su ventana a la mía». No es difícil leer entre líneas una importante advertencia para esa otra labor paciente de enhebrar palabras y tramas, sin perder el hilo, que fue la tarea de la escritura para Martín Gaite, quien solía recordar que *texto* y *tejido* tenían la misma raíz. En *Irse de casa*, su personaje de ficción Amparo Miranda sostiene que «toda creación consiste en lo mismo, en saber coser los elementos dispersos, y entender cómo se relacionan entre sí, da igual que sean historias o pedazos de tela». La metáfora de la costura queda relacionada con la técnica del *collage* y la estética del fragmento, que se impondrán en su escritura, desde la redacción de *El cuarto de atrás* (1978): me refiero, en particular, a *Visión de Nueva York* (compuesto entre 1980 y 1981), *El cuento de nunca acabar* (1983), el emblemático poema «Todo es un cuento roto en

Nueva York» (1985) y su último ciclo narrativo de la década de 1990.

En relación con la práctica de la costura había un hábito de su madre que persistirá en su hija siempre que tenía que cambiar por algún tiempo de domicilio: el de acercar la mesa donde leía, cosía o escribía a la ventana. Carmen Martín Gaite recuerda con especial intensidad el momento en que veía a su madre con gesto ensimismado abandonar sobre el regazo la labor o el libro, mientras ella hacía sus deberes escolares. Era el instante en que María Gaite Veloso empezaba a mirar por la ventana, abandonaba Salamanca y comenzaba a fugarse. Se iba de viaje, quizá a ese mismo Nueva York, desde el que su hija, medio siglo más tarde, se asomaba por otra ventana de la calle 119 West: «Y en aquel silencio que caía con la tarde sobre su labor y mis cuadernos, de tanto envidiarla y de tanto mirarla, aprendí no sé cómo a fugarme yo también». Para la escritora mirar desde el interior para escaparse será el específico enfoque de la literatura escrita por mujeres. Las literatas eran, desde ese prisma, mujeres ventaneras: «En todos los claustros, cocinas, estrados y gabinetes de la literatura universal donde viven mujeres existe una ventana fundamental para la narración». Estos dos detalles de comunicación silenciosa con su madre son asimismo dos reflexiones sobre la labor paciente y los efectos narcóticos de la literatura. Hay una fuerte trabazón intuitiva entre las advertencias y las posturas de la madre con su futura comprensión y aprendizaje de lo que iba a ser el ejercicio y el oficio de su vida: «meterse a novelista» (una expresión muy suya, equiparable por analogía e ironía con otras locuciones empleadas en *Usos amorosos de la postguerra española*, como *meterse a* monja, cura o cabo militar).

La compenetración entre madre e hija también registra otro dato de interés: María Gaite Veloso fue una ávida lectora de novelas exóticas, relatos de aventuras y novelas rosa. Sus preferidas eran las del prolífico Emilio Salgari, Julio Verne y *Los tres mosqueteros* de Alejandro Dumas, que fue la primera novela que las hermanas Martín Gaite leyeron —según me recordaba Ana María—. El entusiasmo de Carmiña por *Yolanda, la hija del Corsario Negro* (la novela de Salgari que recitaba de memoria en Salamanca con su compañero de facultad, Ignacio Aldecoa) le venía de su madre;

13

a este título se unían en su prelación *Los caballe-ros de la Tabla Redonda* de la colección Araluce, *El maravilloso viaje de Nils Holgersson* de Selma La-gerlöf y los folletines de *La Ilustración Española y Americana*, «que tanto me hicieron latir el corazón de pequeña», leemos por persona interpuesta en boca de su personaje Eulalia, en *Retahílas*.

La muda lengua del entendimiento recíproco entre Marieta y Carmiña queda también patente en un breve encargo de las profesoras Mirella Servo-didio y Marcia Welles para encabezar el primer monográfico dedicado a su obra (*From Fiction to Metafiction: Essays in Honor of Carmen Martín Gaite*, 1983): «Retahíla con nieve en Nueva York», redac-tado dos años antes de «De su ventana a la mía», el 17 de noviembre de 1980, y que acabó siendo, solo en sus últimos párrafos, un emocionado *in memoriam* de su progenitora, como fuente de am-paro en su trayectoria literaria:

Mi madre, una de las personas más sabias que he conocido y desde luego la que más me qui-so en este mundo y adivinó lo que me estaba pasando, aunque yo no se lo contara, solo con oírme la voz o verme la cara cuando la iba a visitar, ya se enteraba de si me andaba rondando por la cabeza o no una historia nueva que tenía ganas de contar. Y cuando me veía callada o con poco apetito o le sacaba a relucir que tenía la tensión baja o fastidios domésticos, se sonreía sin mirarme [...]. Se limitaba a decir, como al desgaire, como si no estuviera diciendo nada importante: «En cuanto te pongas a escribir otra cosa, se te pasará: ten paciencia». Había puesto el dedo en la llaga, claro, pero también en la serenidad de su voz venía el bálsamo para aquella llaga, y yo la miraba como a un oráculo y le preguntaba con un dejo de desmayo en la voz, a veces casi con miedo: «Pero, mamá, ¿y si no se me vuelve a ocurrir nada?».

Esta confesión tan dialógica demuestra cómo la imagen que prevalece, incluso en aquellos textos en los que aborda sus relaciones más íntimas, es siempre la de escritora. Por otro lado, tengo la certeza, confirmada en múltiples cartas, de que cuando terminaba un libro, temía que fuera el último de su vida, y cuando iniciaba otro, le parecía el primero de su carrera literaria. La sensación de estar siempre empezando, de quedarse vacía, como sin sombra, al acabar de contar una historia, es sumamente reveladora de su experiencia sobre los imprevisibles derroteros de la suerte del oficio de escritora. La escritura fue para ella una terapia, una especie de restauración de sí misma. La madre, cuando le notaba que estaba escribiendo o barruntando una novela, le decía con humor: «Dale muchas vueltas, hija, y que te dure».

María Gaite Veloso muere el 9 de diciembre de 1978, apenas dos meses después de su padre, y nunca se supo cuál fue la causa exacta de su fallecimiento: Carmen solía decir que decidió morirse. Diez días más tarde la escritora recibió el Premio Nacional de Narrativa por su última novela o amalgama movediza de géneros llamada *El cuarto de atrás*, que era la preferida de su madre, «y desde entonces he andado con los rumbos un poco perdidos, aunque parece que ya los voy recobrando», comenta Martín Gaite en «Retahíla con nieve en Nueva York». Y así fue, ya que tras su estancia como profesora invitada en Barnard College, comienza a escribir *El castillo de las tres murallas*. Se había producido de nuevo el milagro de su resurrección, ante el que siempre su madre se sonreía, aunque no supiera lo que estaba escribiendo. En cualquier caso, la muerte de su progenitora fue uno de los acontecimientos más difíciles de encajar en la vida de Martín Gaite: «Yo en la muerte de mi padre pensaba algunas veces, lo primero porque era más viejo y estaba enfermo del corazón, y luego porque tenía mucho miedo a morirse, pero la idea de que mi madre se muriera me resultaba casi inconcebible», explica en *Cuenta pendiente*, un inacabado proyecto literario iniciado al año siguiente del fallecimiento de sus padres y una de las piezas más conseguidas de los *Cuadernos de todo*, junto a «El otoño de Poughkeepsie», en el tratamiento del tiempo narrativo y en su conexión íntima con sus fieles difuntos. La anotación de *Visión de Nueva York*, del 29 de octubre de 1980, escrita en víspera de Todos los Santos, revela, al igual que en los ensayos que aquí publicamos, el asiduo trato que Martín Gaite mantuvo con la llamada de sus muertos, en concreto con su madre (*CALL* es el término que figura en la imagen de la lápida de este *collage* desde el bosque-campus de Wellesley College): «De vez en cuando te me apareces entre los árboles de otoño, intempestivamente, cuando menos lo espero,

17

con aquel gorrito que llevabas en El Boalo [...]; *cantas cousas te dixera, agora tan lonxe, niña naiciña, eiquí tesme na América... e ti no eco* [...]», escribe en los márgenes. Estas meditaciones (como «De su ventana a la mía» y los párrafos finales de «Retahíla con nieve en Nueva York») iban a formar parte del proyecto memorístico *Cuenta pendiente*, que tuvo a su madre como principal destinataria: «A mamá: a ti te lo tengo que dedicar lo de *Cuenta pendiente*. Necesito que estés tú oyendo, que sea para ti, si no, no se engrasa el engranaje». «Hace dos noches, estando en la cama, volvió a rondarme esta idea de meterme con *Cuenta pendiente*, tal vez en plan diario, donde se fueran comentando y fechando los estratos de cuaderno donde aparecen notas y apuntes sobre este tema». Son dos apuntes diseminados en una libreta fechada entre 1983 y 1984; pero después de la muerte de su hija Marta, el 8 de abril de 1985, el propósito de escribir esta *Cuenta pendiente* con sus progenitores quedará definitivamente enterrado, como quedaron varados otros proyectos literarios: *La Reina de las Nieves* y *Usos amorosos de la postguerra española*, que sí consiguió retomar.

«El otoño de Poughkeepsie»

Su hija Marta Sánchez Martín (1956-1985) fue una de sus grandes interlocutoras, tanto en su vida como en su obra. El dolor enconado que significó su temprana pérdida tuvo como primer fruto literario una meditación: «El otoño de Poughkeepsie», donde Martín Gaite aplicó las propiedades del cuento al diario íntimo, con una especial destreza narrativa en el tratamiento de la pena. La literaturización de la experiencia personal fue en su caso el emplazamiento idóneo para reenfocar, reinterpretar y subvertir subgéneros narrativos.

El nombre de Marta no aparece en el relato, pero su presencia figura latente, como un hipograma, entre todos los objetos que subrayan su ausencia, e incluso materialmente en el propio cuaderno donde la autora *ahora* escribe, ya que lo compró para ella durante su estancia como *visiting professor* en la Universidad de Illinois en Chicago, el semestre del otoño anterior; pero Marta nunca lo llegó a estrenar, enfermó poco después, solo escribió la familiar etiqueta de «CUADERNO DE TODO», como en aquel cumpleaños de su madre, el 8 de diciembre de 1961, cuando la niña tenía 5 años y estampó con su letra infantil: «calila martín gaite. cuaderno de todo». Era el regalo para Calila. Marta fue la autora de este apelativo, cuyo origen reside en la deformación infantil del nombre *Carmiña*.

Este nuevo cuaderno que Calila le trajo de Chicago con sobrecubierta de cartulina negra y tamaño holandesa queda descrito materialmente con todo tipo de detalles en la propia redacción del texto, recalcando tanto en el contenido como en la descripción del continente la desaparición de su antigua propietaria y actual destinataria. «El otoño de Poughkeepsie» constituye una obra maestra de la conciencia formal de nuestra escritora ante la elaboración literaria de la intimidad. Carmen Martín Gaite utiliza toda una morfología de la omisión para hacer más presente la ausencia de Marta a través de las huellas que siguen recordando su presencia: *su* voz, *su* cuarto, *su* mesa y *su* cuaderno rotulado con *su* letra son las sigilosas formas deícticas en las que la joven comparece. Igualmente, la mirada evocativa se escenifica a través de la superposición de distintos momentos del pasado con un presente en el que se ensaya un alivio del duelo a través del acto y el efecto de escribir, de poner un orden a lo que no lo tiene, aunque la tranquilizaba hacerlo. Carmen Martín Gaite creyó en el fármaco de la palabra para el drama de la existencia.

Según se deduce de una carta dirigida a Ignacio Álvarez Vara, «El otoño de Poughkeepsie» fue concebido en su inicio (a la altura del 31 de agosto de 1985, fecha de esta misiva) como un «libro», esto es, como una meditación que hubiera podido tener un desarrollo más prolongado. El final no deja de ser un cierre amañado, como en otros casos de su obra, y coincide con la terminación material del propio cuaderno. Todo parece indicar que Carmen Martín Gaite no quería ir más atrás ni más allá del 21 de septiembre de 1985. Conocemos por otras misivas que la entrada del otoño era para ella una fecha ritual, en la que cabía «hacer propósitos y pensar todavía que alguna cosa puede cambiar o enderezarse», le escribe a su amiga Milagro Laín, el 20 de septiembre de 1974. Sin embargo, en este caso, el cambio de estación nada preludia (solo encuentra el rastro de lo que significaba el primer otoño sin su hija) y el final abierto deja el protagonismo al paso inicuo del tiempo que la separaba de ella, aunque en este cierre intempestivo cabría tener en cuenta dos entradas coincidentes en su taller de escritora.

Por un lado, la redacción de *Caperucita en Manhattan* le sirvió para seguir narrando el duelo con mayor distancia: «Esta Caperucita es uno de los inventos que más me han alegrado la vida y han venido en mi ayuda para soportarla, una especie de milagro imprevisible, como una flor exótica, nacida entre los cardos del erial», confiesa en un artículo para el diario *El Sol* unas semanas antes de publicarse el libro. Sabemos que el origen de su *Caperucita*, la niña de Brooklyn con impermeable rojo, se encuentra en «El otoño de Poughkeepsie», al que cabría considerar como un «cuento autobiográfico» —según la sugerente propuesta de quien fue su primera editora en los *Cuadernos de todo*, Maria Vittoria Calvi—, al igual que «De su ventana a la mía» podría leerse como un relato epistolar, en este caso con su madre muerta, que participa de esa intrincada fusión entre ficción y no-ficción que la escritora tan frecuentemente plantea en su autofiguración literaria.

Por otro, mientras redactaba «El otoño de Poughkeepsie» en Vassar College vino a su encuentro, a través de uno de sus alumnos, el libro de Clive Staples Lewis, *A Grief Observed*, publicado en 1961 tras la muerte de su esposa, la poeta norteamericana Joy Gresham. Su lectura, y su posterior traducción, tuvo para Martín Gaite un efecto calmante, según le contaba en sus cartas a su hermana Ana María. Se identificó de inmediato con la actitud meditativa de Lewis, con su intento de apartarse de la autocompasión. Ambos títulos coinciden en ser una tentativa de articular y argumentar el duelo, de distanciarse de la postura convencional del doliente. La traducción de *A Grief Observed* (*Una pena en observación*) terminó confluyendo en la gestación de «El otoño de Poughkeepsie», ya que en el texto de Lewis encuentra una razón coincidente con el intempestivo cierre de «El otoño», que radica en el soporte material del propio cuaderno. Martín Gaite decidió que la última hoja del cuaderno, que le regaló a Marta el año anterior, la ayudaría a cuadrar un final azaroso para su relato (frente al plan inicial de un proyecto de escritura más extenso y sin partitura). Los párrafos últimos de «El otoño de Poughkeepsie» indican que la narración se acaba con el espacio que le deja la última página del cuaderno. De este modo, converge con la lúcida determinación de C. S. Lewis, que leemos en el tramo postrero de *Una pena en observación*: «He decidido ponerles este límite a mis apuntes. No voy a empezar a comprar cuadernos para dedicarlos a este fin. En la medida en que estas notas pudieran suponer una defensa contra el colapso total, una válvula de escape, han dado algún resultado». Rubricar el efecto balsámico de la escritura es el único final posible: «El sol nace de la confusión» son las últimas palabras de Carmen Martín Gaite en este cuaderno fechado entre el 28 de agosto y el 21 de septiembre de 1985, pero presidido no por la sucesión, sino por la arritmia de la memoria, en la que desembocan distintos sustratos de un pasado reciente.

«El otoño de Poughkeepsie» es el primer intento de recuperar su escritura literaria tras la muerte de su hija —lo que podría equivaler al restablecimiento momentáneo de sí misma— y constituye el texto de mayor calidad literaria y complejidad compositiva entre los incluidos en sus cuadernos personales. No es un embrión narrativo, ni una reflexión volandera, ni el rumor del bolígrafo rasgando lo que transcurre a su paso —como encontramos en otros *Cuadernos de todo*—; es, siguiendo su propia terminología de escolar aplicada, un texto «en limpio». En él se constata una distorsión dolorosa: la facilidad de Calila para interesarse, para observar, para seguir viviendo su curiosidad e incluso para asirse a la escritura —como *antes*—, y al mismo tiempo los movimientos paralizantes de su aflicción. Si Martín Gaite no lo publicó en vida, fue porque consideraba inmoral hacer literatura con la muerte de un hijo, así se lo manifestó a la profesora Concha Alborg a raíz de un artículo que esta preparaba sobre *Testimonio materno* (1986) de Elena Soriano. De hecho, «El otoño de Poughkeepsie» es un texto póstumo, que cerró bajo siete llaves entre sus *Cuadernos de todo* y solo mencionó en dos ocasiones en su correspondencia desde Vassar College con Ignacio Álvarez Vara y cuando estaba en pleno proceso de elaboración, sin saber adónde llegaría. Después nada se supo de él. Creo que Calila no tuvo fuerzas para regresar a todo lo que representaba y le recordaba «aquel verano horrible» de 1985 —como leemos en la dedicatoria de *Caperucita en Manhattan*—, que convencionalmente cierra el 21 de septiembre: «Hace más de un mes que no pongo la pluma en "El otoño de Poughkeepsie", posiblemente porque ya empiezo a sentirme bien aquí. Lo cual demuestra una vez más que la literatura es un pobre sucedáneo», le escribe a Barquerito el 2 de noviembre de aquel año. Calila sabía que lo único que se podía hacer con el sufrimiento era aguantarlo a palo seco. Echó de menos a Marta de una manera brutal hasta el final de su vida y Marta permanecerá en todo lo que su madre callaba y escribía desde el 8 de abril de 1985. De hecho, en todo el ciclo de su narrativa última hay un motivo recurrente: la exploración en la relación materno filial.

Son frecuentes en sus agendas anotaciones de sueños con la Torci (Marta respondía a este apodo familiar), en los que se redobla la presencia de su ausencia, como estas de 1997: «Anoche tuve un sueño muy inquietante en el que Marta aparecía, la veía claramente. Vi que no le gustaba nada encontrarse con nosotros (porque de repente a mi lado estaba Rafael) ni explicarnos nada. Me desperté a las seis y media, y luego con la primera luz de la mañana vino un pajarito al lilo de la terraza, que empieza a tener brotes y se balanceó. Había al fondo una nube rosa. [...] He pasado la tarde en casa muy inquieta, con la espina del sueño, y sin poder llorar, añorando desesperadamente el contacto con ella» (6 de febrero). «Tengo un mal sueño. La Torci muy desmejorada, volvía, totalmente derrotada […]. Íbamos a ver a Rafael y nos abrazábamos los tres. Él trataba de dar ánimos y de hablar de proyectos de trabajo para ella. Estaba acurrucada, como un pájaro herido bajo el póster de don Tancredo» (4 de abril). En otras ocasiones se relacionaba con ella como si estuviera de algún modo viva: «Paz en este cuarto rojo que me han puesto los Reyes de la Torci» (5 de enero). E intentaba un programa, muy próximo al que se lee en su traducción de C. S. Lewis: «Volver a ella con alegría las más veces que pueda», pensando que el dolor enconado nos separa más que nos une con los muertos. Desde luego era un plan que solo a ratos pudo cumplir.

Filiación y libertad

Todos los documentos que he consultado en su archivo (cartas, entradas de agendas, cuadernos personales y entrevistas) revelan que la escritora mostró un fuerte sentimiento de filiación con sus progenitores: «Mis padres estaban, de fondo, en todo lo que hacía, aunque no los viera», leemos con rotundidad en un primer apunte de *Cuenta pendiente*. La adquisición de la letra se produce en la familia y se identificó con su origen: nunca dudó en presentarse como una chica de provincias y de una acomodada clase media: «La niña de Salamanca que sale en *El cuarto de atrás*» o «Hija de notario soy». Desde muy temprana edad, Carmen Martín Gaite fue elaborando y tratando de poner de acuerdo con completa naturalidad dos orientaciones, la recibida de su padre y la de su madre, esto es, el cultivo de la razón y la creencia en lo taumatúrgico, que no dejan de ser una variante de la alternancia en su biografía entre el orden y su atracción por el caos. En casi toda la ficción de la Gaite es posible hallar esta doble vertiente, en la que lo onírico coexiste con la tendencia a la observación minuciosa y circunstanciada, del mismo modo que su capacidad descriptiva convive con su poderosa aptitud para la interiorización de ambientes y objetos. Basta leer la novela corta que dio título a su primer libro publicado, *El balneario*.

De una libretita inédita con apuntes diversos y notas preparatorias para *Nubosidad variable* extraigo esta cita sobre la relación de Sofía Montalvo con su hija mayor: «Entre cortar alas y dar alas viene el dilema de las madres. ¡Cuántas veces lo he hablado con Encarna!». Desde luego, Carmen Martín Gaite como madre optó siempre por lo segundo, aunque también se deduce de su epistolario y *Cuadernos de todo* que sintió en muchos momentos de su vida su fracaso como madre y mujer por otra cuestión de fondo: el exagerado respeto que dispensó a la autonomía y la libertad ajenas. La libertad y la exención de etiquetas lo eran todo para ella, incluso un *lugar* para reconocer, y asumir, su propio error. En un artículo de 1997, «En la boca del lobo», que rescaté para *Tirando del hilo*, Carmiña declaraba con sutileza y desplante cómo su moderna Caperucita no tuvo miedo ni sentido del peligro, ambos sentimientos quedaron reemplazados por el placer que suponía el disfrute de la libertad. Para Carmen Martín Gaite todo el problema de Marta, como el de Caperucita, como el de Sara Allen, e incluso como el suyo propio, tenía que ver con la libertad: «Por eso a mi Caperucita no se la come el lobo, la sorbe el tú-

29

nel incógnito y sombrío que lleva a la libertad». En este sentido, resulta inolvidable, casi profético, el *collage* de la autora en *Visión de Nueva York* con su hija entre distintas proporciones y perspectivas de la Estatua de la Libertad: «… La libertad siempre da algo de miedo cuando se ve de cerca, ¿no lo sabías?». Es la pregunta retórica que le formula a la Torci: la respuesta podría estar en *Caperucita en Manhattan*, un canto a la vida, al azar, a no tener miedo.

Para Marta la libertad también comenzó a ser todo, pero vivió su juventud en una época muy distinta a la de su madre, donde despunta esa trampa mortal de la heroína en la España del segundo lustro de los setenta, y Marta tampoco tuvo en casa los estables modelos educativos que recibió su madre. A Calila solo le quedó el consuelo de que nunca le cortó las alas a su hija y de que no se la comió el lobo del jaco, sino aquel túnel que conducía a la Libertad. Así al menos consiguió contárselo a sí misma en *Caperucita en Manhattan*, donde la reelaboración del cuento de Perrault fue una forma reticente de agarrarse a la ficción, de narrar el duelo tras la muerte de Marta, cuyo nombre se esconde tras el personaje de Sara Allen, ya que ambas fueron absorbidas por el mismo túnel: «No te hice celestial ni terrenal, / ni mortal ni inmortal, con el fin de / que fueras libre y soberana artífice / de ti mismo, de acuerdo con tu designio» es una cita del humanista Giovanni Pico della Mirandola, que murió a los 31 años, según se lee en la leyenda estampada al finalizar *Caperucita en Manhattan*. Nunca se asoma la engorrosa moraleja, ya que su novela también incita a arriesgarse y entrar en el bosque, porque quizá en lo hondo del bosque esté el secreto.

En la última década de su vida, a medida que se incrementaban su éxito profesional y el reconocimiento público, se hace más viva la brecha entre vivir y representar, entre la persona y el personaje. Muchas de sus cartas aluden a lo que suponía la vuelta a casa tras sus viajes, conferencias, homenajes, premios —en suma, tras la representación—, y enfrentarse con una verdad de fondo: saber que no podría contárselo a nadie. «Es el año que más noto que Doctor Esquerdo se me cae encima, cosa bastante grave en mi caso», le escribe a Ignacio Álvarez Vara el 22 de septiembre de 1991. Abordó la desaparición de la Torci ante muy pocos destinatarios, para ella era un sentimiento intransferible. Cito solo dos ejemplos llamativos: tras la muerte de su amigo José Agustín Goytisolo intenta consolar a su viuda, Asunción Carandell, con este argumento: «Piensa, al menos, que a ti te queda mucha familia» (15 de abril de 1999). Y en la última carta que Martín Gaite remitió, un mes antes de su muerte, continúa insistiéndole a Esther Tusquets en semejante motivo: «Te supongo ejerciendo con una felicidad que envidio tus funciones de abuela» (12 de junio de 2000). Deseó profundamente haber podido ser abuela, le atormentó la insoportable realidad de ser fin de raza y se sintió brutalmente huérfila tras la muerte de sus dos hijos.

«De su ventana a la mía» y «El otoño de Poughkeepsie» (cuentos autobiográficos, monodiálogos, ensayos de consolación, seudodiarios, cartas no enviadas o literatura a secas) demuestran cómo Martín Gaite encontró sus piezas maestras entre las fronteras de los géneros literarios (*El cuarto de atrás* y *El cuento de nunca acabar* son también buenos ejemplos) y que la verdadera grandeza de la poesía (sea en verso, sea en prosa) consiste en la tentativa de rescatar de las fauces de la muerte una visión fugaz. Espero que con esta edición, *De hija a madre, de madre a hija,* salgan de la categoría de textos demasiado breves y escondidos, y sean concebidos como lo que en verdad son: dos piezas maestras de la obra de Carmen Martín Gaite.

JOSÉ TERUEL

DE SU VENTANA A LA MÍA

(Para Paco Nieva)

Nueva York, 21 de enero de 1982

Anoche soñé que le estaba escribiendo una carta muy larga a mi madre para contarle cosas de Nueva York, pero era una forma muy peculiar de escritura. Estaba sentada en esta misma habitación, desde cuyos ventanales se ve el East River, y lo que hacía no era propiamente escribir, sino mover los dedos con gestos muy precisos para que la luz incidiera de una forma determinada en un espejito como de juguete que tenía en la mano y cuyos reflejos ella recogía desde una ventana que había enfrente, al otro lado del río. Se trataba de una especie de código secreto, de un juego que ella había estado mucho tiempo tratándome de enseñar. (Como cuando me quería enseñar a coser y me decía que era cuestión de paciencia.

«¿Ves como si te pones te sale bien? Mira, el secreto está en no tener prisa y en atender a cada puntada como si esa que das fuera la cosa más importante de tu vida»).

Y la felicidad que me invadía en el sueño no radicaba solo en poderle contar cosas de Nueva York a mi madre y en tener la certeza de que ella, aun después de muerta, me oía, sino también en la complacencia que me proporcionaba mi destreza, es decir, en haber aprendido a mandarle el mensaje de aquella forma tan divertida y tan rara, que además era un juego secretamente enseñado por ella y que nadie más que nosotras dos podía compartir.

Las culebrillas de mi mensaje pasaban por encima del East River, que arrastra trozos de hielo, por encima de los remolcadores helicópteros, se metían por debajo del Queensboro Bridge y llegaban indemnes a su destino. «Al fin, ¿lo ves como no era tan difícil?».

La ventana de mi madre estaba iluminada por el sol poniente y vibraba con destellos de todos los colores cuando mis palabras llegaban a tocar el cristal; era grande y resplandecía como un brillante irisado entre el humo, el acero y el cemento.

En las fotografías que he podido ver de Carmiña
con su madre, casi siempre me encuentro con
los mismos gestos de las manos (ca. 1976).
Fundación Martín Gaite.

Pero de la habitación a que pertenecía esa ventana nada podría decirse con certidumbre, sino que tal vez era una mezcla de muchas habitaciones, de todas en las que ella se sentó alguna vez a mirar por la ventana.

Desde un criterio puramente geográfico, pienso ahora, que estoy despierta y miro en esa dirección, que sería lógico localizarla en Long Island o Queens, pero no. Estaba mucho más allá, en ese más allá ilocalizable adonde precisamente ponen proa los ojos de todas las mujeres del mundo cuando miran por una ventana y la convierten en punto de embarque, en andén, en alfombra mágica desde donde se hacen invisibles para fugarse.

Nadie puede enjaular los ojos de una mujer que se acerca a una ventana, ni prohibirles que surquen el mundo hasta con fines ignotos. En todos los claustros, cocinas, estrados y gabinetes de la literatura universal donde viven mujeres existe una ventana fundamental para la narración, de la misma manera que la suele haber también en los cuartos inhóspitos de hotel que pintó Edward Hopper y en las estancias embaldosadas de blanco y negro de los cuadros flamencos. Basta con eso para que se produzca a veces el prodigio: la mujer que leía una carta o que estaba guisando o hablando con una amiga mira de soslayo hacia los cristales, levanta una persiana o un visillo, y de sus ojos entumecidos empiezan a salir enloquecidos, rumbo al horizonte, pájaros en bandada que ningún ornitólogo podrá clasificar, cazar ningún arquero ni acariciar ningún enamorado y que levantan vuelo hacia el reino inconcreto del que solo se sabe que está lejos, que no lo ha visto nadie y que acoge a todos los pájaros ateridos y audaces, brindándoles terreno para que hagan su nido en él unos instantes.

Mi madre siempre tuvo la costumbre de acercar a la ventana la camilla donde leía o cosía, y aquel punto del cuarto de estar era el ancla, era el centro de la casa. Yo me venía allí con mis cuadernos para hacer los deberes, y desde niña supe que la hora que más le gustaba para fugarse era la del atardecer, esa frontera entre dos luces, cuando ya no se distinguen bien las letras ni el color de los hilos y resulta difícil enhebrar una aguja; supe que cuando abandonaba sobre el regazo la labor o el libro y empezaba a mirar por la ventana, era cuando se iba de viaje. «No encendáis todavía la luz —decía—, que quiero ver atardecer». Yo no me iba, pero casi nunca le hablaba porque sabía que era interrumpirla. Y en aquel silencio que caía con la tarde sobre su labor y mis cuadernos, de tanto envidiarla y de tanto mirarla, aprendí no sé cómo a fugarme yo también. Luego entraba alguien, daba la luz y reaparecían los perfiles cotidianos. «Bueno, habrá que correr las cortinas», decía ella, como despertando.

Pero en la sonrisa especial que dulcificaba su expresión se le notaba lo lejos que había estado, lo mucho que había visto. Y daban ganas de arrodillarse a su lado para ayudarle a abrir las maletas, de preguntarle: «¿Qué regalo me traes?».

Y seguro que, antes de conocerla yo, viajó por la ventana mucho más todavía. En aquel tiempo —tan novelesco para mí— de su juventud y de su infancia, desde aquellos espacios interiores que yo no conocí, seguro que algún día tuvo que llegar hasta el mismo Nueva York; un viaje arriesgado para la época, si se parte de Orense, Allariz, Cáceres, La Coruña, Madrid o Salamanca, entre dos luces, al atardecer, dejando atrás espejos, consolas, costureros, cacharros de cocina, sofás y aparadores de la casa propia o de algún pariente donde se han ido a pasar las vacaciones de verano y cuyos

rincones aún pueden columbrarse en viejas fotografías. ¡Adiós! Y ahí se quedan las primas feas y
la abuela y Pilar Prieto y la tía Pepa y las señoritas
de Nicolau; me voy a América, ¡adiós!

Su padre era catedrático de Geografía y en la
casa había muchos atlas. «Mira América qué grande —le diría alguna vez—, cuánto espacio abarca.
Y eso tan chiquitito es Nueva York, con dos ríos, el
Hudson y el East River». Y ella se quedaría mirando a la ventana. ¡Perderse en Nueva York, la ciudad del dinero y de los rascacielos, del incipiente
cine, la ciudad de los sueños!

¿Cómo no iba a llegar mi madre a Nueva York
en alguna de aquellas excursiones de joven venta-
nera, alimentada de novelas exóticas?

Claro que llegaría en alguna ocasión; y ese día,
el que fuera, los pájaros errantes de sus ojos cons-
truirían aquí un nido de cristal tan secreto, tan
raro y tan perenne que hasta ayer por la noche
nadie había dado con él. ¡Pues anda que no había camino, vericueto y laberinto para llegar a eso
que se produjo anoche, a esa emisión cifrada de
señales entre mi madre y yo, de su ventana a la
mía! Y por eso era el júbilo del sueño. Ahora lo
he entendido.

EL OTOÑO DE POUGHKEEPSIE

A la habitación encristalada, que tiene dos camas con colcha roja, se accede por otra mucho más grande y totalmente vacía, con el suelo cubierto de trapos sobre los que reposan botes de pintura y una escalera apoyada contra la pared. La he recorrido varias veces para ir llevando ropa a los dos armarios como casitas con estantes que se iluminan tirando de un cordón a modo de cadena de retrete. El baño también está a medio pintar y con trapos por el suelo. Se ve que no les ha dado tiempo a rematar las obras en el apartamento antes de mi llegada. El pintor ya se ha ido hace un buen rato, pero volverá mañana y pasado, según he entendido. Son las seis de la tarde, veintiocho de agosto y estoy sola, más sola que lo que he estado nunca en mi vida, rodeada de silencio, de muebles desconocidos, que se apilan en este cuarto encristalado del fondo donde voy a dormir durante varios meses.

He sacado del equipaje mis libros y cuadernos y los he colocado de forma provisional, sin creerme mucho que me vayan a servir para algo, sin creerme mucho nada de lo que me pasa ni de lo que veo. Tal vez por eso mismo necesite apuntarlo. Veo un bosque, estoy perdida en medio de un bosque. Tal como suena, no es una metáfora. Me he quedado un rato tumbada sobre una de las camas de colcha roja, después de deshacer las maletas, y la visión de los árboles tupidos y corpulentos que rodean esta casa se me imponía como una evidencia falaz e incomprensible. He encendido una lámpara, porque empieza a oscurecer. En la habitación contigua, que es la que está vacía, no hay luz. Lo que más me fascina es la habitación vacía. Es lo que siento más verdad de todo.

Leo en Simone Weil: «Si nos consideramos en un momento determinado —el instante presente, desligado del pasado y del futuro— somos inocentes. En ese instante no podemos ser más que lo que somos. Aislar así un instante implica el perdón». Siempre que abro al azar este libro tan gastado, tan subrayado, *La pesanteur et la grâce*, que desde hace años viaja conmigo a todas partes, me encuentro exactamente con la frase que más a

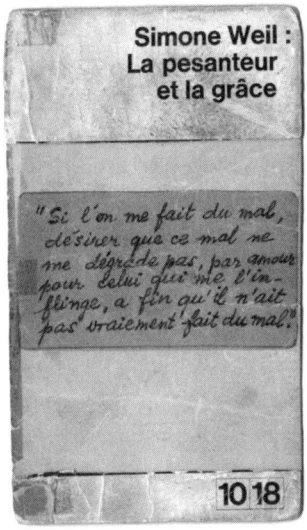

Esta es la edición de *La pesanteur et la grâce* de
Simone Weil (París, Union Générale d'Édition, 1962)
con la que Carmen Martín Gaite viajó a Vassar.
Era uno de sus libros de cabecera. La escritora pegó
en la cubierta un fragmento del capítulo «Le mal»:
«Si me causan un mal, deseo, por amor a quien
me lo infringe, que este mal no me degrade con
el fin de que no me cause realmente un mal»
(traducción nuestra). Biblioteca personal
de la autora: Fundación Martín Gaite.

cuento viene, que más estaba necesitando. Es un milagro al que nunca me acabo de habituar. Por eso precisamente es un milagro. Que siempre cría otros, además. Por ejemplo, doblados dentro de una de las solapas de la funda de tela negra con que preservo este libro tan deteriorado, encuentro unos papeles que escribí en Madrid hace pocos días. Creí que los había dejado allí, perdidos entre tantos otros.

El verano ya va de retirada, aunque se empeñe en asustarnos con sus últimos coletazos, y la luz de las siete de la tarde se encarniza en la teja, el ladrillo y el cemento, en los bloques lejanos de Moratalaz, en la silueta más cercana del pirulí de televisión, cuya aparición me sobresalta siempre, en los jardines inútiles de las terrazas que de mala gana sube a regar un portero o una vecina porque los dueños están de veraneo. Y este paisaje urbano, estremecido de vez en cuando por el pitido de una ambulancia que cruza Doctor Esquerdo es como un ancla rara a la que se agarra mi corazón. Me he instalado en su cuarto, en su mesa. No puedo hacer otra cosa que estar aquí, donde me pilló la cornada, aguantando a pie quieto, mientras ordeno el caos poquito a poco,

Carmen Martín Gaite con su hija Marta (ca. 1974).
La Torci y sus amigos significaron un fuerte estímulo
de modernidad para nuestra escritora, muy sensibilizada
con los conflictos intergeneracionales.
Fundación Martín Gaite.

qué verano tan largo, qué avanzar tan penoso el de las horas arrastrándose por las habitaciones de esta casa donde nunca volverá a oírse la llavecita en la puerta ni su voz llamándome por el pasillo.

«Es la casa más bonita del mundo —decía— en ningún sitio se está más a gusto que en esta casa, todos mis amigos lo dicen»; entraban y salían, se quedaban a dormir, preguntaban unas señas por teléfono, dejaban equipajes y recados, yo apuntaba recados en papeles dispersos que a veces se perdían, un tal Tito, el del perro, Pepe desde Valencia, Antonio dos veces, no sé a qué hora vendrá, sí, sí, yo soy su madre, no, Carlos tampoco está, pues no tengo ni idea, en casa de su padre no creo porque acaba de llamar preguntando, y qué quieres que te diga, también yo tengo que verla; todos querían verla, lo necesitaban urgentemente, a cada momento, le hacían reproches. ¿Cómo has tardado tanto? Se repartía entre todos, desaparecía, reaparecía, era el centro de todos. Pero el suyo era este, su cuartel general y yo protestaba a veces de tantos recados ajenos que se mezclaban con los míos, de tanta ropa desordenada, de tantos objetos y papeles por el medio, de aquella invasión de vida, protestaba, ya ves tú.

Aparecen planos de ciudades, tarjetas postales, multas del coche, facturas extrañas, papeles con recados, fotos de carnet, pósters enrollados y polvorientos, tubos vacíos de medicinas, billetes de metro y de lotería, librillos de papel de fumar, cajitas que contienen objetos descabalados, carretes de hilo con aguja pinchada, collares y pulseras, cartas arrugadas, frasquitos de esmalte ya seco de uñas, lapiceros, dibujos, collages, barras de labios, sacapuntas, borradores de traducción, agendas y cuadernos, papeles y cuadernos, apuntes y cuadernos, muchos sin empezar o con una hoja escrita, se los traía yo de mis viajes para incitarla al orden, amaba los cuadernos bonitos como nada en el mundo, pero luego escribía casi siempre en folios volanderos. Nunca ordenaba nada, nunca tiraba nada, nunca acababa nada.

Se confunden en un abrazo convulso sus papeles con los míos, los busco, los huyo, me derriban de bruces, ya no sé lo que busco ni lo que quiero, pero sigue implacable la masa de papeles, llovidos desde el ocho de abril, cartas de pésame, facturas del hospital, liquidaciones de Lumen y Destino, recibos del teléfono, una tesina sobre Entre visillos, fichas de la hemeroteca, notas sobre los cuentos de Aldecoa. En este montón de la derecha creo que dejé las cosas que tengo que llevar a América. Ya no las veo. ¿Dónde he puesto ahora las gafas?

No sé para qué escribo, si odio los papeles, si lo que más querría es prenderles fuego a todos, caos prolife-

rando sobre caos, pretensión de escapar de los escombros de la letra muerta por un puente precario de palabras igualmente abocadas a morir, a clamar en desierto. Es como resistir en el remolino de una tempestad, condenada a velar por mi supervivencia y por la de cientos de papeles que vuelan sin designio en torno mío a impulsos del ventilador, se esconden y transforman, se desvanecen tragados en cajones imaginarios, me impiden las brazadas que tal vez podría dar para avanzar. ¿Y crees, pobre de ti, que avanzar es seguir con la pluma en la mano?

Dentro de una semana me marcho a Nueva York. Y de allí a Vassar, a dar un curso de cuatro meses sobre el cuento español contemporáneo. Cerraré esta casa y no quedará nadie en ella. Por primera vez en mi vida no podré llamar a través del océano al 2745644 porque nadie cogerá el teléfono para decirme, ¡qué alegría oírte, qué voz tan bonita tienes! En Vassar me han buscado un apartamento, me lo ha dicho por teléfono una señora que se llama Patricia Kenworthy, voz eficaz, serena, mesurada, que no me preocupe, que ellos lo arreglan todo, que irá a buscarme a Nueva York Andy Bush, usted ya lo conoce, es el que leyó hace dos años en Vassar la traducción de El cuarto de atrás, *recuerdo vagamente que tenía barbita y que era rubio. No me entra en la cabeza que me vaya a ir de aquí, cierro los ojos y trato de creérmelo. Veo un bosque y una habitación en medio de él limpia de papeles y de recuerdos, vacía, completamente vacía.*

*

Los maleteros de Kennedy Airport son gente mala. Yo no digo que no tengan sus razones, pero son más malos que un dolor; ya me había fijado en mis otros viajes a Nueva York, que esta es la séptima vez que vengo, pero tal vez nunca había probado de forma tan intensa la sensación de despiste y de agotamiento, la necesidad de que alguien te haga caso y te eche una mano. Ya le parece a uno un milagro pasar el control de pasaportes, después de hacer aquella cola tan larga y que el tipo de la ventanilla no levante sus ojos impasibles para ponerte alguna pega o decirte algo que no entiendes muy bien pero que siempre se relaciona con que te falta un papel. Luego viene el safari de bajar escaleras y recorrer pasillos interminables con los dos bultos de mano a cuestas, entre los empujones de la gente, pillar un carrito libre y esperar, siempre con la misma desconfianza, a que aparezcan los perfiles amigos de tus maletas en-

tre todas las que corren serpenteando por la cinta
metálica, más larga que un día sin pan, seguro que
se han perdido, cómo van a aparecer. Pero lo peor
viene cuando, después de pasar la aduana, tienes
que descargar todos los bultos, porque fuera de
aquel recinto ya no dejan sacar el carrito. Total
de ese recinto al de fuera, donde está la gente esperando a los viajeros, no hay un trecho muy largo, pero me olvidé de traer el portaequipajes con
las ruedecitas y no tengo cinco manos para cinco
bultos. Ahí es, lógicamente, cuando tendrían que
dar facilidades los maleteros, pero nada, que te
crees tú eso, pasan de largo o todo lo más farfu-
llan que vayas a buscar a otro, fuera, que te quites
de allí, que estás entorpeciendo la salida, hablan
al vacío, según pasan, como si protestaran entre
dientes de haber tropezado con una bolsa de basura y tú *sorry*, y les sigues un trecho a trote de
gallina, y ellos impasibles y altivos, sin mirarte,
de largo, y si acaso te miran se nota que se alegran
de tu gesto alterado y suplicante. Supongo que en
eso consistirá su venganza por las muchas humi-
llaciones que habrán tenido que sufrir en la vida,
y también comprendo que si se apiadaran de todo
el mundo que se dirige a ellos preguntándoles

algo no darían abasto; la imperturbabilidad es su única coraza, generalmente gente de color y ya muchos con canas.

Por fin logré que uno me cargara el equipaje con el de una señora portuguesa, que llevaba no sé cuánto rato en mi misma situación, y encima con una niña de la mano, pero antes de llegar a la puerta de dos hojas al otro lado de la cual se congrega el ingente rebaño de los que esperan a alguien, salió corriendo detrás de mí un empleado muy antipático al que había que enseñarle un papel, que por lo visto no me habían sellado, y yo sin dejar de correr detrás del maletero y de la señora portuguesa, porque los perdía, y llevo en esas maletas todas mis fichas de los *Usos amorosos de la postguerra* y mis libros y alguna foto adorada, y el otro corriendo detrás de mí, agarrándome por un brazo, y yo ya me puse histérica y me eché a llorar y nadie se apiadaba de lo mal que lo estaba pasando porque había perdido de vista al maletero, y encima no veía a Juan Carlos Eguillor entre aquel follón de personal, y yo gritando Juan Carlos, Juan Carlos, sin saber a quién me dirigía, y sin volverse nadie, buscando a ciegas a alguien que se le pudiera parecer en medio del tumulto, porque aquello era un mar de caras a la expectativa y de brazos esgrimiendo pancartas o agitándose. Y no tuve más remedio que volver a entrar con el empleado para arreglar lo del papel porque me agarró por un brazo como a un delincuente y me daba vergüenza debatirme; lo del papel fue cosa fácil, nada, poner un sello, y luego de pronto cuando ya estaba desesperada, mis maletas y mis bultos volvieron a aparecer misteriosamente en el mismo sitio donde los tenía al principio, cuando me encontré con la portuguesa, no sé por qué los habían traído allí. Pero, bueno, las había recuperado y además tenía aquel papel ya sellado en la mano, era como volver a empezar igual que antes, sentir el mismo calor, la misma sensación de vértigo, los mismos empujones, pero comprendiendo que no estaba sola, que me hacían compañía mis maletas, cosa que antes no sabía.

Siempre puede haber algo peor, y lo peor de todo es perder la cabeza, no vivir cada tramo de la vida, hasta los más espantosos, con la mente serena y la mirada alerta, procurando apreciar lo que se tiene, lo poco o mucho que nos queda. Una viajera con chaqueta a rayas, que aterriza sana y salva en Kennedy Airport y que tiene la suerte de no haber perdido su equipaje, solamente puede quitarle importancia a sus problemas, incluido el miedo de no encontrar al amigo que ha prometido venir a esperarla, si mira con atención alrededor y se considera formando parte del movedizo espectáculo que tantas veces ha contemplado fascinada, pero sin intervenir, desde una butaca del cine, eso es lo único que calma, considerarse una viajera más entre los miles de viajeros que llegan esa tarde a Nueva York y se dispersan con el rostro apurado en direcciones contrarias, rozándose sin conocerse, cada uno atento a su equipaje y concentrado en sus problemas, que no tienen por qué ser más llevaderos que los de la mujer de la chaqueta a rayas. Y ahora la cámara la enfoca a ella. Se ha apoyado en la pared, abre el bolso *beige* y recuenta sus papeles, no ha perdido ninguno. Se pone a leer una carta escrita en papel amarillo. «Te iré a buscar al aeropuerto —dice—, nada me puede producir más alegría que, no solo recibirte, sino verte llegar. En el apartamento en que ahora estoy hay sitio de sobra. A pesar de que es muy pequeño, es muy acogedor y sorprende la cantidad de gente que puede dormir en él. Si tienes que ir el 28 a Vassar, puedes quedarte unos días aquí, hasta esa fecha. Eres una de las personas de las que siempre me acuerdo, la compañera ideal para descubrir una ciudad, y me encantará pasear contigo por Nueva York».

Al levantar los ojos de la carta, el empleado antipático, que no resultó serlo tanto, me estaba haciendo señas desde lejos indicándome que me mandaba un maletero. Cuando, nada más salir, descubrí a Juan Carlos que se abría camino entre la gente agitando los brazos, y corría a mi encuentro, me pareció que el cielo me mandaba a un ángel. Nunca me ha sabido mejor una Coca-cola.

*

Vivir sola completamente en una casa en medio del bosque, donde solo tres veces en tres días ha sonado el teléfono, es algo muy balsámico, aunque la misma extrañeza que me produce le dé a todo lo que hago y lo que veo un tinte irreal. Lo más raro de todo es lo de los psiquiatras, pero ya me he acostumbrado también. Resulta que este edificio, señalado con el número 17 en el plano del campus de Vassar y que se llama Metcalf Hall, tiene algo de clandestino, de casa de citas diurna, y yo debo guardar celosamente el secreto de todo lo que vea o lo que oiga de mi puerta para allá, olvidar los rostros que atisbe al cruzar por el porche o subir las escaleras. Me lo han encarecido mucho.

Aquí en Norteamérica es bien sabido que todos los disturbios del alma transcurren en sordina, son un tema tabú, excepto para tratarlos en los libros o confesárselos al psiquiatra, y resultaría muy violento, por ejemplo, para un alumno mío, que yo le dijera en clase: «Yo creo que a ti te conozco de vista, ¿no entrabas tú el otro día en Metcalf Hall cuando yo salía?», sería una metedura de pata horrible, por favor no se te ocurra. Yo le he jurado a Patricia Kenworthy, la jefa de mi departamento, que es la que más me ha insistido en el asunto, que no se preocupe, que no diré nada, que a mí me da igual y que paso completamente de locos, pues a buena parte vienen. Pero es que además ni me encuentro con nadie ni se oye nada. Debe ser que hasta el lunes no empieza oficialmente el curso y no hay pacientes. Lo cual no impide que me sienta ligeramente intrusa en el piso primero izquierda de este edificio que, por ahora, me parece deshabitado. En el apartamento que yo ocupo no debía vivir nadie hace tiempo, o lo tendrían para algún evento, por eso lo estaban pintando cuando vine, pero ahora me doy cuenta de que a los psiquiatras no les debe hacer mucha gracia que me hayan metido aquí. Son dos, por ahora son dos, los conocí nada más llegar, la misma tarde que conocí al pintor, y me miraron raro, como algo incómodos, pero yo entonces estaba tan aturdida del viaje que no entendí nada. Voy atando cabos despacio, como a cámara lenta.

*

En el apartamento de Juan Carlos se estaba muy a gusto, se respiraba una mezcla muy grata de orden y desorden, de calor humano, de cobijo y provisionalidad, lo más neoyorkino que pueda imaginarse. Está en la calle 51, East Side, entre la 2.ª y la 3.ª Avenida, un barrio que yo conocía poco.

Aquella tarde, sábado, hoy hace exactamente una semana, después de dejar el equipaje en su casa, nos fuimos caminando hasta East River cruzando un puentecillo metálico sobre la autopista. Estaba atardeciendo y corría un viento húmedo. Nos acodamos en una barandilla que hay allí a mirar el río, y Juan Carlos dijo que él viene mucho porque le recuerda la ría de Bilbao. Yo no podía ni hablar, hacía tantos meses que no respiraba así, sin pensar en nada, sin angustia, dejándome invadir por el presente. Reconocí, enfrente, Roosevelt Island, y a la izquierda Marlborough Bridge con su transbordador donde sospecho haber montado en uno de mis primeros viajes a Manhattan, tal vez con Philip Silver, pero lo recordaba vagamente y sin prestar crédito a aquella imagen descabalada, como si lo viera todo desde la otra orilla del río Leteo, un anuncio gigante de Coca-Cola en letras rojas y aquel vago olor a mar y los coches pasando debajo de nosotros. Descansa un rato al fin, cierra los ojos, anda, suelta el fardo, estás en Nueva York, alguien te ha recogido. Vive la tregua.

De esta estancia mía en Manhattan recuerdo sobre todo ese paisaje y un paseo a la mañana siguiente por las calles desiertas, encajonadas y sombrías de Wall Street. Era domingo y estaban todas las oficinas cerradas, montones gigantescos de bolsas de basura, ni un alma por las calles. Se puso a lloviznar y cogimos el ferry que lleva a Long Island, bordeando la Estatua de la Libertad. Ahora la están arreglando y la tienen recubierta por unas mallas de alambre con andamios. La libertad en jaula. Vaya por Dios.

Pero Manhattan era, más que ninguna cosa, volver al apartamento de Juan Carlos y comprobar que mis maletas seguían en el pasillo, entrar, tumbarse en la cama, sacar una naranjada de la nevera, darse una ducha, mirar la televisión, cambiando de canal con el mando a distancia, bajar a comprar una ensalada de espinacas, tomate y remolacha, sentir que se puede estar sin pensar en nada, dormir. La habitación tenía tres espejos y daba a una especie de callejón con árboles. Era bastante oscura y calurosa, porque no refrescó nada en aquellos tres días, a pesar de la lluvia; a veces poníamos el aire acondicionado, pero hacía mucho ruido.

Juan Carlos se ponía a dibujar, de espaldas, en el pupitre inclinado, y hablaba conmigo. Ha inventado una historia de una niña de Brooklyn con impermeable rojo, que los viernes va con su madre a llevarle una tarta de fresa a su abuelita que vive en Manhattan. Una noche se atreve a ir ella sola y desde ese momento se convierte en una especie de Caperucita Roja perdida en Nueva York y se encuentra al rey de las tartas que es el lobo. Me enseñó algunos de los dibujos que tiene, que son preciosos, pero la historia no la sabe escribir. Yo empecé a dictársela de otra manera, nos pusimos a escribirla juntos y se nos ocurrían muchas cosas nuevas entre los dos, nos reíamos mucho, ¡qué majo y qué divertido es Juan Carlos! Me ha dado los papeles para que yo siga escribiendo por donde quiero, pero es que, desde que he llegado aquí, la historia se ha transformado en otra. Anoche salí al bosque, que estaba desierto, y lo pensaba, mirando los edificios que se ven encendidos entre la espesura. Ahora soy yo la que tengo que orientarme en este bosque, la niña de Brooklyn pertenece a otro texto, Caperucita Roja soy más bien yo y ando atenta a la aparición fugaz de los lobos, disfrazados de psiquiatras.

De noche nunca vienen. De noche estoy yo sola. Pero las habitaciones de abajo y del otro lado de mi puerta las dejan todas abiertas, y si tengo insomnio puedo salir de mi apartamento y recorrerlas con total libertad. Es una tentación que me da algo de miedo, pero me excita y no soy capaz de resistir a ella. La puerta de abajo está cerrada siempre con llave, solo yo la puedo abrir desde dentro, pero la escalera queda iluminada con un letrero rojo que dice *EXIT*.

Atravieso el pasillo donde está mi cocina y un cuarto de trastos y salgo con cierto recelo al reino de los psiquiatras, entro y salgo en los despachos, en las salas de espera, en los baños, en la cocina, en la recepción. Nada. Todo vacío. Yo creo que lo dejan abierto con el fin de tentarme, a modo de añagaza, para ver si les robo algo, o detectar mi comportamiento. Miro alrededor, levanto con cautela los cojines, tal vez tienen puestos en algún rincón oculto micrófonos o aparatos sofisticados de televisión, para registrar, a través de este deambular mío nocturno por las estancias vacías, la curva de mis humores, con el fin de poder dictaminar luego si su vecina, la profesora española, se está volviendo loca o no. Me gustaría poder contarle esto a Juan Carlos, saldría un cuento bonito. Me acostumbré mucho a hablar con él y ahora lo echo de menos. Yo creo que me he puesto a escribir solo para contar lo de los psiquiatras.

*

El bosque ha dejado de ser un bosque misterioso para convertirse en un campus universitario por el que ya me oriento bastante bien y que recorro en todas direcciones, unas veces a pie y otras en una bici muy elegante y ligera con faro rojo atrás que me ha prestado Olga, la mujer de Andy Bush. La bicicleta, por ahora, la guardo en mi despacho de Chicago Hall, el edificio donde doy las clases. Lo he reconocido al verlo. Hace dos años vine desde Nueva York a dar una conferencia aquí, con motivo de la reciente publicación de *El cuarto de atrás* en versión inglesa. Me había invitado Randolph Pope, el jefe del departamento de español que había entonces, a quien yo conocía de otro congreso en Houston, y habíamos quedado por teléfono en que estaría esperándome en la estación de Poughkeepsie; eran dos horas de viaje.

Yo cogí el tren en Nueva York, me senté junto a una ventanilla, saqué un cuadernito del bolso y me puse a escribir, ya no recuerdo lo que escribiría, posiblemente impresiones de aquellos días en Nueva York, son notas que luego no sirven para nada, pero en el momento parece muy urgente tomarlas, no sé cuántos cuadernos tendré metidos en cajones por Doctor Esquerdo con apuntes garabateados a toda prisa en trenes y autobuses o durante mis viajes por Estados Unidos. De lo que sí me acuerdo es de que iba tan ensimismada escribiendo que no me enteré de que el tren se había parado en una estación desconocida, y decían algo por un altavoz. Cuando levanté los ojos, estaba sola en el vagón, miré extrañada por la ventanilla «Croton-Harmon» y vi que en aquel momento estaba arrancando otro tren. Para llegar a Poughkeepsie, tenía que haberme bajado allí como todo el mundo, y hacer transbordo en aquel tren; hasta dentro de dos horas no pasaba otro con el mismo destino. Me lo explicó desganadamente un empleado gordo que recorría los vagones vacíos, y al que al principio no le entendía nada. Ni él a mí. Yo le explicaba mi caso, le contaba que me estaba esperando un profesor en la estación de Poughkeepsie y él se encogía de hombros: «Lo han dicho por los altavoces», se limitaba a afirmar. Tenía los ojos saltones y me miraba con cierta sorpresa. Cuando llegó a un superficial entendimiento de mi problema, me sugirió que tomara un taxi y yo le ofrecí una propina si me acompañaba a buscarlo. No me acuerdo nada de aquel pueblo, ni siquiera de cómo se llamaba, solo de que la parada de taxis no estaba tan cerca y de que el hombre gordo me precedía por caminos en cuesta sin decir una palabra, mientras yo miraba apurada el reloj.

Por fin me encomendó a un taxista negro, el primero de una fila de coches oscuros que estaban parados en la calle bordeada de setos. «This lady is going to Poughkeepsie, she is in a hurry»; el taxista me dijo que me cobraría cincuenta dólares, tenía cincuenta y dos, los dos se los di al empleado que se quedó allí inmóvil, mirándolos. Supongo que le parecería poco, a lo mejor no, aquí es que no sabe uno cómo acertar con las propinas. Así llegué aquella mañana de noviembre, pronto hará dos años, conducida por un taxista corpulento malencarado y totalmente silencioso, a la estación de ferrocarril de Poughkeepsie, un cuarto de hora después del tren que había perdido. Naturalmente, Randolph Pope ya no estaba y yo no tenía ni idea de si la universidad de Vassar quedaba lejos o cerca de aquella estación. El taxista me dijo que no quedaba demasiado cerca y que además Vassar es un espacio enorme donde no resulta tan fácil orientarse porque hay muchos árboles, caminos y edificios; me vino a decir, en fin, y en eso tenía razón, que era un bosque por el que puede uno perderse, y que si me iba a servir de guía por el bosque, me tendría que cobrar algo más.

El bosque está rodeado de una tapia baja y la entrada principal tiene un arco custodiado a derecha e izquierda por dos garitas donde montan guardia unos porteros sentados. No tenían ni idea de dónde estaba el departamento de español, necesitaban saber el nombre del edificio, porque aquí todos los edificios llevan nombre, como las personas, resulta tan escandaloso y absurdo preguntar, así sin más, por una clase donde se enseña literatura española como preguntar por un alumno que estudia ruso sin saber su nombre, piensan que estás loco. Así que, claro, tuvimos que dar muchas vueltas y preguntar muchas veces, casi todas sin fruto, hasta dar con Chicago Hall, donde ahora tengo mi despacho y guardo mi bicicleta. Randolph Pope ya no está ahora de *chairman*, lo han trasladado a la universidad de St. Louis, pero entre algunos compañeros del departamento queda memoria aún de aquella llegada mía preguntando por Randolph y pidiéndole cinco dólares a una secretaria, seguida a pocos pasos por un negro de gran estatura que nos miraba con desconfianza. Ya había cundido la noticia de mi desaparición y estaban telefoneando a Nueva York para saber qué me había pasado.

El que mejor se acuerda de esta historia y a quien más le divierte es Andy Bush, el profesor de la barbita rubia, y vinimos evocándola hace unos días cuando me trajo en coche desde Nueva York. «¡Qué viaje tan distinto este!», pensaba yo reclinada cómodamente en mi asiento junto al suyo, mientras miraba desfilar a la derecha e izquierda un paisaje apacible de praderas y árboles, protegida por el cinturón de seguridad, con todos mis papeles en regla y el equipaje indemne.

Había ido a buscarme al East Side, había subido a casa de Juan Carlos, habían cargado el equipaje entre los dos, y yo le vine hablando de Juan Carlos, de la compañía tan maravillosa que me había hecho, de cuando trabajábamos juntos hace años en *Diario 16*, poco después de morir Franco, y nos íbamos de copas con Jubi, Nacho, Miguel Ángel y Carlos Semprún, de las transformaciones que se han operado de entonces acá en la vida de Madrid, de política, de tertulias, los americanos siempre preguntan por las tertulias, es una palabra que les fascina porque la leen mucho en los libros sobre la generación del 98 y la del 27, les cuesta entender que ahora Madrid se ha vuelto una ciudad más híbrida y revuelta donde ya no abundan las tertulias sosegadas y que hay mucho paro y mucho atraco y mucho travesti y mucho local nuevo con decoración extravagante, y que la gente de letras se disfraza de posmoderna y corre la heroína y los jóvenes pasan de todo y que ya casi nadie se apunta más que al dólar. Pero como ellos van a cursos de extranjeros y oyen cantar a los de la tuna el «Clavelitos» por las calles de Santiago de Compostela y toman tapas de pulpo y pinchos de tortilla, te miran con incredulidad cuando les hablas algo de estas cosas, *Spain is different, anyway, Spain is wonderful*, no les sacas de ahí. Y además es verdad, yo no digo que no sea *wonderful*, qué más da, está ya uno un poco mareado para opinar tajantemente sobre nada, demasiada saliva se ha gastado en tertulias desde el 98 para acá discutiendo si hay que europeizar España o españolizar Europa, tinta y saliva sin tasa, y total para qué.

Andy Bush acaba de dirigir un curso para extranjeros en Miguel Ángel 8 y algo ha percibido, por comentarios leídos o escuchados, de los últimos traspiés del gobierno socialista. Quería saber mi opinión al respecto y yo le contestaba con vaguedades, porque ahora de repente lo veo todo con mucha distancia y creo que una de las cosas que pueden contribuir a apaciguar mi ánimo maltrecho es no comprar *El País* durante algunos meses, olvidarme de Boyer y la Preysler, no tener noticia alguna de cómo se reincorporan los ministros del nuevo gabinete socialista a sus respectivos despachos, después de la tregua del verano, uno que viene de la Costa Brava, otro de Ibiza, otro de Marbella, todas las revistas ilustradas de este verano los traían retratados en fiestas o en barcos de lujo o pescando sardinas, y a sus hijos, y a sus mujeres, modernos, deportivos, en *short*, pero la procesión irá por dentro, a ver cómo se las arreglan ahora al volver al despacho, pues que no queda tela ni nada, lo tienen crudo. Mucha retórica parlamentaria le tendrán que echar al asunto, pero ya no convencen a nadie, basta verle la cara a Felipe González, no se lo cree ni él.

De todas formas, despotricar del propio gobierno es algo que solo podemos hacer los españoles con otros españoles para que resulte un poco divertido, llevamos siglos haciéndolo, es el deporte nacional por excelencia. Aquí eso no se estila. A Reagan ni lo nombran siquiera, nadie le saca nunca a relucir ni para bien ni para mal. Se lo comenté a Andy Bush. Le conté que el año pasado, durante mi estancia en Chicago, había asistido, todo a lo largo de Michigan Avenue, a un desfile muy espectacular y nutrido a favor de Mondale con motivo de las elecciones de noviembre, y que luego en días posteriores había seguido muy interesada por televisión todos los debates de aquella campaña, pero que me había extrañado mucho que a la mañana siguiente de la victoria de Reagan nadie, ni en clase, ni en la calle, ni en el autobús, ni en los cafés, comentara absolutamente nada, pero nada de nada, yo no me lo podía creer, es que nadie decía ni pío, como si no hubiera pasado nada. Madre mía, si una cosa así llega a pasar en España, qué semana la siguiente, y él me dijo, claro, que por eso le gusta tanto España, porque allí todo el mundo te da conversación.

«Debe ser por eso por lo que no arreglamos el país, por tanto hablar», le dije yo. Y él se rio mucho. Total, que llegamos a Vassar sin darnos cuenta, y con tanta tertulia y retahíla, no le había preguntado dónde me iba a alojar yo, ni me importaba mucho.

*

Los pasos que nos llevan de la extrañeza a la costumbre son tan leves y furtivos que no solo no dejan huella alguna sino que incluso apagan la curiosidad por mirar hacia atrás para buscarla. ¡Qué raro me parece de repente esta tarde, cinco ya de septiembre, levantar la cabeza del pupitre, recorrer con la vista la habitación donde paso encerrada tantas horas, escuchando música, leyendo, preparando mis clases, o simplemente mirando cómo trepan las ardillas por los árboles al otro lado de la ventana, y caer en la cuenta de que esta misma era la habitación vacía! No hay más huella que el texto. Me pongo a volver hojas hacia atrás en el cuaderno, y de paso las cuento. Veintiocho, ¿es posible?, mira que es vicio el tuyo, mujer, no hay quien te lo descaste, pero bueno, más duro habría sido aguantar a palo seco a base de pitillos y de naranjada, no sirve para nada escribir, ya lo sé, ¿y es que algún vicio sirve para algo como no sea para matar el tiempo? Con este, por lo menos, no se mata del todo, tiene uno la impresión, por el contrario, de que ha rescatado peligrosamente de las fauces de la muerte misma que el tiempo lleva abiertas alguna visión fugaz destinada al naufragio general. Aquí está, por ejemplo, en la primera página, escrito con mi letra: «A la habitación encristalada, que tiene dos camas con colcha roja, se accede por otra mucho más grande y totalmente vacía».

Es un cabo del hilo para tirar del tiempo que llevo aquí metida en esta habitación, una forma de medirlo bien extravagante, si bien se mira. Pero siempre pasa lo mismo con la literatura, caso de que esto sea literatura.

¡Pues anda que no le han dado vueltas los estructuralistas a eso del tiempo del relato y el tiempo de la escritura y el tiempo de la lectura! Tres personas distintas y un solo Dios verdadero. Total, para sacar en consecuencia que nada, que no coinciden, verdad de Perogrullo como pocas. Yo ahora mismo, por pura curiosidad, he estado releyendo lo que llevo escrito después de que puse esa frase primera de la habitación vacía, veintiocho páginas, ya digo, aunque no las tengo numeradas, y habré tardado en leerlas un cuarto de hora a lo sumo, tiempo que no coincide, claro, con los días transcurridos, que son nueve, ni por supuesto con las horas gastadas en escribir lo escrito, que no sé cuántas habrán sido pero desde luego bastantes; y ojalá hubieran sido más, bendito gasto, porque esa peculiar transformación del tiempo inerte en tiempo de escritura me ha ayudado a lidiar la soledad y a convertir esta habitación vacía en un refugio al que siempre estoy deseando volver, en mi casa.

Ahora al cuarto encristalado de las dos camas con colcha roja le llamo el cuarto de atrás, porque efectivamente está en la parte de atrás del edificio, como he podido comprobar rodeándolo fuera desde el bosque. A la habitación vacía la sigo llamando así, por fidelidad a sus orígenes, pero ya está amueblada, tiene veinticuatro pasos de largo por veintiséis de ancho. Al principio olía un poco a pintura, pero solo fueron dos días. El mobiliario está compuesto por un sofá, una butaca de cuero negro tipo mecedora con brazos de madera, cuatro sillas de diferente etiología, una lámpara de pie, una librería pequeña y tres mesas, una chiquita, otra mediana y el escritorio, que tiene siete cajones y lo he puesto arrimado a la ventana, de manera que me entre la luz por la derecha. También hay un espejo. Sobre la mesa mediana reposa una televisión pequeña en blanco y negro que me trajo Patricia Kenworthy a los tres días de estar yo aquí, pero no la abro casi nunca.

Son las seis menos veinte, hoy no he tenido clase ni he salido más que a desayunar. Por un sendero del bosque veo venir a uno de los psiquiatras, al delgadito y calvo con perilla que se parece algo a Víctor Sánchez de Zavala. El otro es más alto, quizá un poco más joven y lleva bigote negro poblado. Deben estar a punto de cerrar la consulta.

Pero no son lobos ni nada, son unos buenos chicos, cuando me los encuentro, les sonrío. Yo creo que ellos ya han debido convencerse también de que yo soy inofensiva. El otro día los vi en el *party* de los profesores, de acá para allá, como los demás, con su copa en la mano. Todo va entrando en la normalidad.

Me duelen un poco los ojos. Voy a darme un paseo y a merendar algo.

*

El tiempo que nunca se registra ni podrá registrarse en ningún escrito es el que se pasa uno mirándose una uña de un pie, dando vueltas sin designio alguno, cambiando de asiento, decidiendo vagamente cosas que no se hacen porque no tienen fuerza para tirar de la voluntad, buscando un papel que no aparece o la tapadera de un bolígrafo que se acaba de caer rodando al suelo y no aparece o el mechero que lo tenía ahora mismo en la mano y no aparece.

Mi padre le llamaba a esto «la perversidad de las cosas inanimadas». Parece, efectivamente, como si esos objetos se escondieran a propósito para lanzarnos un reto desde su condición inanimada; nos desafían, nos quieren arrastrar a su campo mediante el engaño; el objeto contra la persona. Y como entremos en el juego nos agotan de todas todas, nos vencen, porque ni siquiera su reaparición, cuando se produce, es tanto de victoria, ni alumbra en nosotros un entusiasmo nuevo que pudiera redimirnos del tiempo perdido en la búsqueda. Ah, bueno, ya ha aparecido lo que buscaba, ¿y ahora qué? ¿Estoy más animada que antes? ¿Soy más persona? Pues no, generalmente no, más bien guiñapo.

Así se pierde el tiempo, que es lo que más se pierde, revuelto con las llaves y los papeles y los bolígrafos momentáneamente perdidos, arrastrado por ellos y dejándonos a nosotros, de paso, para el arrastre.

De todas maneras, yo creo que esta casa está algo embrujada, y no lo digo de broma. Si algún día me tentara el género y me diera por escribir una historia de fantasmas, la tendría que situar aquí. La puerta de uno de los armarios, por ejemplo, solamente se abre cuando le da la gana, otras veces no hay manera de abrirla por más que tires. Al principio me desesperaba, pero ahora he optado por ir pasando poco a poco al otro armario las cosas fundamentales, aprovechando los ratos en que a este le da por abrirse, hasta que acabe por dejarlo vacío, que se ve que es lo que está pidiendo, allá él con las razones que tenga para pedir eso, no me quiero meter.

El teléfono también hace unos ruidos muy raros; tengo que pedir línea para llamar a cualquier sitio que no sea Vassar mismo y me contesta una voz de mujer, no siempre la misma, que tampoco me dice siempre lo mismo, generalmente me pide el nombre o el número de algo y luego que espere. En esta espera es cuando el teléfono mismo decide si concederme o no sus favores, unas veces me da línea y otras empiezan los ruidos raros, como de estallido de cohetes. Cuelgo y vuelvo a llamar a la señorita para contárselo, pero no se lo sé contar o no me entiende, y según el humor que tenga, insisto o desisto. Suelo desistir, porque la conversación con esa voz de mujer complica la historia, o mejor dicho la empantana.

De todas maneras, he logrado algunos triunfos, mucho más gozosos por la misma arbitrariedad de su consecución, como por ejemplo hablar con Córdoba y con El Boalo. La verdad es que si me pusiera a considerar la cantidad de agua que me separa de esos lugares, sería como para caer postrada de rodillas; el ser humano de nuestros días ha perdido completamente su capacidad de sorpresa; hemos profanado todo lo sagrado, y así nos va el pelo.

Otra cosa a la que ya no hago ni caso es el reloj automático que hay encima del radiocasete. Son unos números rojos encendidos donde se van marcando la hora y los minutos. Pues nada, marcha tan normal, y de pronto sin venir a cuento ni a pelo se ve que se dispara y cuando lo miro ha corrido cinco horas; al principio me producía una cierta curiosidad y trataba de controlarlo mediante unos botones que hay en la parte de arriba, ahora ya me da igual y lo dejo. Es más, me parece totalmente adecuado; es como un símbolo de la propia absurdidad del tiempo, de su arritmia.

*

Poughkeepsie era un pueblo próspero y rico en el siglo XIX, todo lo contrario que ahora. Por la calle que lleva a la estación del ferrocarril, que parece la más importante, no se ve ni un alma. Tiendas tampoco. Yo iba en coche con Karen Stolley, una profesora joven de mi departamento de español, y miraba extrañada por la ventanilla. Habíamos estado de compras en un supermercado grande, de esos que hay aquí en Norteamérica, que son todos iguales, hacía un calor húmedo espantoso, eran las cinco, y al salir de aquel follón de paquetes y carritos, le dije: «Oye, ¿por qué no vamos a Poughkeepsie? Porque es que no acabo de ver nunca Poughkeepsie, ¿cae muy lejos?», y ella me dijo, «no, vamos, está muy cerca, lo que pasa es que tiene poco interés». Conducía el coche despacio, para que yo mirara bien las casas, con escaleras y porche, los almacenes viejos, todo como desteñido, de postal antigua. Reconocí, en el hondón de la calle, la estación de ferrocarril donde llegué con el taxista negro hace dos años. Bajando un poco más, hay una plazoleta, al borde mismo del río Hudson. Cuando estaba en Madrid, me enteré por la *Enciclopedia Británica* (una tarde de aquellas en que no sabía qué hacer y se me caía el mundo encima) de que Poughkeepsie es nombre de origen indio y quiere decir la casa de techo de paja junto al río que corre.

Karen paró el coche allí y yo le propuse sacar de los paquetes algo de lo que habíamos comprado y hacer una merienda improvisada en una alameda que se veía a la derecha. Le pareció una idea muy buena. La alameda tenía varias mesas de madera con bancos y barbacoas. En una de ellas había dos negras con sus niños preparando un asado que echaba mucho humo. Nosotras nos sentamos a la orilla misma del río, que es una pura hermosura, y parece que allí se respiraba un poquito mejor, después de la sudorina de todo el día. Sacamos vino y queso y, de pronto, Karen estaba muy a gusto, le pareció una aventura haber venido allí, no teníamos prisa. Es una chica rubia y muy mona, de carácter alegre; su marido, también joven y guapo, se llama David y es abogado. Están enamorados de esa forma arcangélica que ya no se ve más que en algunas películas, aquí lo he visto a veces en parejas jóvenes, en España se estila menos. Lo pensaba, mirando como entre sueños el río y una especie de monasterio que había a la otra orilla, se trata, en el fondo, de una actitud frente a la vida, de no buscarle tres pies al gato, una conformidad con lo que se tiene que ahuyenta la tentación y descarta la tragedia, «Comeréis las frutas del árbol del bien y del mal y seréis como dioses», ¿para qué?, ellos no quieren ser como dioses. De pronto me levanté, sin dar crédito a la maravilla que estaba viendo. Un barco de dos pisos con ruedas traseras avanzaba lentamente por el Hudson, rumbo a Nueva York. No se veía más que al hombre que lo guiaba. Iba vacío. Karen me dijo que debía venir de West Point.

No sabíamos si se iba a parar en Poughkeepsie o no, yo me subí al banco de madera para verlo mejor y lo mirábamos venir expectantes, ella tampoco sabía nada. Le vimos hacer un esguince, como un pequeño amago de acercarse a nuestra orilla, pero luego, por fin, pasó de largo y desapareció tan fantasmalmente como había aparecido. «¿Pero parece un barco de excursión, no?», pregunté yo. «Supongo que se podrá coger, ¿no te gustaría que lo cogiéramos un día?». Ha quedado en enterarse, por lo visto habrá que ir hasta West Point, pero yo no le encuentro inconveniente.

Al volver a cruzar Poughkeepsie por una calle distinta de la de antes me llamó la atención un edificio enorme de ladrillo de dos pisos con aire de mansión abandonada, museo, institución benéfica o similar. Tenía una placa en la puerta. «Ahí vivió Matthew Vassar», dijo Karen. Y me contó la historia. Una historia que ahora, al cabo de los días, relaciono con la aparición del barco, porque su imagen seguía presente en mi retina cuando la escuché. Una historia que vino en barco, que me la trajo el barco fantasma.

Don Matthew era un cervecero muy rico en el Poughkeepsie del siglo XIX y vivía con un hermano suyo en la gran casa de ladrillo, la mejor de todo el pueblo. Solterones los dos y con dinero a espuertas, un buen día don Matthew decidió que su nombre pasara a los anales de la historia y fundó Vassar College, una institución educativa para señoritas. Todo en plan megalómano, de acuerdo con sus sueños de *self-made man*. Por ejemplo, para construir la residencia principal, la primera que se encuentra uno al fondo nada más entrar por el arco que da acceso a este parque, mandó llamar al mismo arquitecto que había hecho la catedral de St. Patrick en Nueva York. Es como un pastiche de Versalles. Luego vinieron la Biblioteca y poco a poco los demás edificios, muchos, supongo, él ya no los veía.

Desde los primeros tiempos, el *college* tenía también —por la parte nordeste— una gran huerta con edificaciones anejas, donde las primeras promociones de educandas, siempre vigiladas por sus mentores, estaban en contacto con la naturaleza y jugaban a hortelanas. Fui con Karen a ver lo que queda de aquel sueño roussoniano de don Matthew.

Está todo descuidado y hecho una pena. Ahora a algunos profesores les regalan terreno para que cultiven berzas y tomates, a ver si entre todos revocan artificialmente las fachadas de aquellas incipientes fantasías feministas. La propia Karen tiene una parcelita y me llevó a verla. Seguía haciendo calor y había en la pradera un grupo de estudiantes que parecían estar descansando de alguna competición deportiva, sus voces resonaban en el aire estancado de la tarde. Al fondo, recortándose contra el cielo rosa, los edificios, ahora cerrados, ruinosos y con los cristales rotos, que don Matthew mandó erigir para adornar aquella arcadia, eran un contrapunto surrealista. Karen me regaló dos tomates de su huerta. Por la noche me los comí con aceite y sal.

Tengo que buscar en algún libro la efigie de don Matthew. Me lo figuro con grandes bigotes y mirada triste, acodado en un barco de ruedas que se lo lleva Hudson abajo.

*

Gracias a que no me he propuesto escribir un diario, puedo volver a este cuaderno de forma gratuita y placentera, sin el agobio de no haber anotado a su tiempo tal cosa o la otra. Ya hace años que me barrunté la falacia de los diarios concebidos como un reflejo más o menos fiel del encadenamiento temporal con que se sucedieron los hechos que registran. Ni siquiera mi padre, persona meticulosa y tenaz como pocas, creo que dejó de percibir alguna vez lo problemático del empeño. Recuerdo los diarios de papá, aquellas libretitas de piel marca Luxindex, compra obligada en cuanto pasaban las Navidades, «me tengo que comprar el Luxindex para el año que viene», los de los años cuarenta me los dio Anita, los tengo en Doctor Esquerdo y los he estado mirando con motivo de mi trabajo de ahora, para recordar cosas de la postguerra, también los consulté cuando estaba escribiendo *El cuarto de atrás*, en el año setenta y siete, pero entonces se los pedí a él que vivía aún y se los devolví, si mal no recuerdo. Puede que lo esté inventando, pero me parece ver su gesto cuando los recoge nuevamente de mis manos. Da la luz del pasillo, «ven, hija, vamos a guardarlos», yo le sigo y vuelve a meterlos ordenadamente en uno de los cajones de aquel mueble que todavía está en Alcalá 35. No los volvió a mirar nunca más, ahora los he heredado, Dios mío, cuántos papeles he heredado. Pero a lo que iba, para mi padre, escribir algo todos los días en el Luxindex se había convertido en una obligación y a medida que fueron pasando los años yo creo que se dio cuenta de que suponía una tarea no solo algo enojosa sino también inútil.

Se desesperaba mucho cuando se quedaba atrasado en la tarea, sacaba papelitos que también a él a veces se le perdían, le preguntaba a mi madre si hacía tres días o cuatro que habían ido a tal sitio o habían visto tal película, ella no se acordaba nunca y decía que daba igual, que por qué se lo preguntaba, «es que tengo que poner al día el diario», parecía un niño aplicado que necesitaba pasar a limpio sus apuntes para presentárselos a un temible profesor, cuya existencia debió írsele haciendo con el tiempo cada vez más borrosa y cuestionable. Su nieta le salió por la otra punta, si han encontrado o no ese profesor que les pida las cuentas del tiempo aprovechado o dejado escurrir es lo que nadie sabe. Pero reposan en el mismo sitio.

Y ahora los siento juntos, pero también conmigo, presentes en las letras de este texto que evoca su memoria, no solo porque sus caligrafías se parecieran algo entre sí y a la mía, sino por algo mucho más concreto. Estoy escribiendo con la pluma de él en un cuaderno de ella. La pluma es una Parker negra de antes de la guerra, mi padre la usó muchísimo, pero marcha como el primer día, nunca le conocí otra.

El cuaderno de ella, en cambio, estaba sin estrenar. Recuerdo que le entusiasmó cuando se lo traje el año pasado de Chicago y que me dijo: «¿Cómo no me has traído alguno más como este?». Es rayado, tamaño holandesa, con tapas de cartulina negra de muy buena calidad. Lo de atrás tiene una especie de sobre para meter papeles, lo cual resulta bastante útil, porque además el triángulo de ese sobre puede también enganchar en una ranura que tiene la tapa de delante, y así queda cerrado el cuaderno como una carpeta.

A ella desde luego le fascinó, lo miró como si fuera un juguete. Pero no llegó a jugar con él. Se había limitado a pegarle dentro una etiqueta donde dice con mayúsculas CUADERNO DE TODO, ni una hoja escribió, nada de nada, se debió poner enferma poco después. Hace un mes lo encontré entre sus papeles y decidí meterlo en mi equipaje.

¿Hace un mes? ¿Por qué dices: hace un mes? ¿No ves que si pretendes legitimar tu aserto, aunque solo sea a ojo de buen cubero, tendrás que sacar cuentas, mirar el calendario a ver a qué día estamos, caer una vez más en el atolladero de las fechas? Solo puedes amar este cuaderno, volver con gusto a él y lograr que te envicie si reviven en ti los ojos de codicia y alegría con que ella lo miró, mirada eterna que no enturbia el tiempo, móvil oculto de todo cuanto queda dicho en sus páginas.

Ya lo llevo casi mediado y la verdad es que me da un poco de pena. Me he vuelto codiciosa de este cuaderno negro y creo que en el fondo mu-

Fotocomposición inédita de Carmen Martín Gaite
con el fondo de su hija Marta, «mirada […]
que no enturbia el tiempo, móvil oculto de todo
cuanto queda dicho en sus páginas», leemos en
«El otoño de Poughkeepsie». Este particular *collage*
acompañó a Calila después del 8 de abril de 1985.
Fundación Martín Gaite

chas veces si no sigo escribiendo es por el miedo de terminarlo. Lo amo por su presencia y su figura, necesito venir a verlo y a tocarlo, aunque no escriba en él.

Anoche soñé que se convertía en el jardín de Vassar, un sueño muy raro. Debió ser influencia de los Beatles, que ahora los oigo mucho y además atendiendo a la letra; todo lo que soñé tenía un ambiente surrealista como el que se evoca en el submarino amarillo, *A Day in the Life* o *Lucy in the Sky with Diamonds*, y es que había cerrado los ojos con los auriculares puestos y la misma alucinación de esas canciones es la que me relajó y me llevó a dormirme sin pastilla. Se entraba al cuaderno por la solapa trasera, agachándose uno, pero luego ya se salía a la luz, como en esos trayectos de metro que unas veces va el vagón por un túnel y otras por fuera; total, que entrar en el cuaderno de todo era propiamente salir, y a donde se salía era al parque de Vassar, cada línea un caminito que ya conocía o que iba explorando y todos los personajes en que iba pensando o que veía de verdad andaban al mismo tiempo por allí juntos e ingrávidos, a ratos se escondían y otros trepaban a los árboles, los muertos con los vivos, lo pasado con lo presente, la realidad con la ficción, todo confundido, todo permitido, todo un puro juego orquestado por las voces de los Beatles. O sea que el jardín de Vassar es el texto mismo y también el escenario de sus transformaciones, me desperté pensando que no me tengo que asustar de nada, que no tengo que andar con respetos ni miramientos si quiero disfrutar de los milagros que a mi alrededor están pasando y también dentro de mí; me parecía haber entendido una cosa muy importante, que meterse a escribir equivale exactamente a salir a dar un paseo, así cuando esté tumbada en la hierba mirando las nubes y notando que respiro con regularidad y acordándome de los que ya no respiran, sintiéndolos conmigo dentro de mi corazón, estoy escribiendo también, más que nunca, y las nubes recogen lo que escribo.

*

Me parece que hace siglos que vino Elizabeth. A veces cuando voy a la Biblioteca a estudiar y paso por el banco del parque donde estuve sentada esperándola, me doy cuenta de que este jardín encantado empezó a tener puntos cardinales desde aquel día. Me había llamado desde Nueva York y me había dicho «iré a verte el fin de semana» y que vendría en un tren que llegaba el sábado a las tres, que la esperara delante de la Biblioteca. Me senté en aquel banco y miraba fijamente el arco de la entrada, esperando. Hacía mucho calor. La vi bajar del taxi y avanzar hacia mí, tan rubia, tan joven, tan guapa, envuelta en luz. Era como un milagro verla andar.

Ahora ya no sé por dónde empezamos a hablar, pero no podíamos parar de hablar ninguna de las dos, horas, horas y horas, metidas en este cuarto. Dieciocho años de Doctor Esquerdo trasplantados a este cuarto. No se puede explicar. Eso no se puede poner en ningún cuaderno, por muy «de todo» que sea.

*

«Cuando no hay alegría, el alma se retira a un rincón de nuestro cuerpo y hace de él su cubil. De cuando en cuando da un aullido lastimero o enseña los dientes a las cosas que pasan. Y todas las cosas nos parece que hacen camino rendidas bajo el fardo de su destino y que ninguna tiene vigor bastante para danzar con él sobre los hombros. La vida nos ofrece un panorama de universal esclavitud... Nadie manifiesta mayor vitalidad que la estrictamente necesaria para alimentar su dolor y sostener en pie su desesperación. Y además, cuando no hay alegría, creemos hacer un atroz descubrimiento... Este es el descubrimiento que hacemos por medio de un microscopio: la soledad de cada cosa. Y como la gracia y la alegría y el lujo de las cosas consisten en los reflejos innumerables que las unas lanzan sobre las otras y de ellas reciben..., la sospecha de su soledad radical parece rebajar el pulso del mundo».

Esto lo leo en *El Espectador* de Ortega y Gasset la tarde del 21 de septiembre de 1985; de vez en cuando, si viene a cuento, tampoco es ningún desdoro poner una fecha. Y es que esta mañana, muy temprano, me desperté y estaba surgiendo enfrente de mí, a través de los cristales, la bola roja del sol. Yo salía de unos sueños muy confusos, en los que aparecía Enrique Lozano, y se me vino inmediatamente a la cabeza un dibujo laberíntico que hizo él una vez cuando vivía con nosotros en Doctor Esquerdo y que se titulaba «Así es como nace el sol». Me lo regaló y lo pegué en uno de mis cuadernos de entonces, ella tendría cinco años, debía ser por el sesenta y uno. Y esta mañana estaba tan perdida, tan necesitada de una referencia, que acudí al calendario, uno que me compré al llegar aquí, y es cuando me di cuenta de que con ese sol rojo que había visto se estaba inaugurando el otoño del año 1985, o sea el otoño de Poughkeepsie, y que lo que había querido decir Lozano es que el sol nace de la confusión.

Procedencia de los textos

«De su ventana a la mía» se publicó como «Apéndice arbitrario» del ensayo *Desde la ventana. Enfoque femenino de la literatura española* (Madrid, Espasa Calpe, colección Espasa Mañana, 1987, pp. 113-117), que tuvo dos reediciones en 1988 y 1992 (esta última en la colección Austral, con prólogo de Emma Martinell). Fue incorporado a la antología de relatos editada por Laura Freixas, *Madres e hijas* (Barcelona, Anagrama, 1996, pp. 34-44).

«El otoño de Poughkeepsie» apareció con el número 35 entre sus *Cuadernos de todo* (edición e introducción de Maria Vittoria Calvi, prólogo de Rafael Chirbes, Barcelona, Random House Mondadori, 2002, pp. 611-630). En 2019 cerró de manera destacada la recopilación *Todos los cuentos* de Carmen Martín Gaite (edición y prólogo de José Teruel, Madrid, Siruela, pp. 533-568).